UNE CORBEILLE
DE FRUITS

Volume **11**

NATSUKI TAKAYA

Sommaire :

fruits basket

Petite présentation des personnages

Tohru Honda :

Notre personnage principal. Une charmante et énergique lycéenne. Elle rêve de voir le chat faire partie des douze animaux du zodiaque chinois.

Shiguré Soma (Le Chien) :

C'est le "chef" de la maison où vivent Tohru, Yuki et Kyô. Il est une sorte de tuteur bienveillant pour les trois adolescents.

Kyô Soma (Le Chat) :

Il passe son temps à vouloir se battre contre Yuki, afin de prouver aux autres sa supériorité sur son ennemi juré. Sa seule motivation est de devenir membre à part entière des douze animaux du zodiaque chinois.

Yuki Soma (Le Rat) :

Il est dans la même classe que Tohru, au lycée. Il est admiré par toutes les filles du coin. Il a même été surnommé "Le Prince". Il est beau, sensible et intelligent. Un de ses passe-temps préférés : le jardinage. Il a d'ailleurs un beau jardin potager.

Résumé des dix premiers volumes :

Bonjour tout le monde ! Je m'appelle Tohru Honda ! Cela fait maintenant un bon bout de temps que j'habite chez les Soma. Auparavant, je vivais toute seule, sous une tente. Chacun des membres de la famille Soma est "possédé" par l'esprit de l'un des douze animaux de l'astrologie chinoise. Les Soma ont tous un sacré caractère, et je suis régulièrement surprise par leurs attitudes ou leurs réflexions. Mais ils sont en réalité extrêmement gentils. En ce moment, nous sommes au beau milieu des vacances d'été. Avec Yuki, Kyô et les autres, je passe des journées bien agréables et tranquilles, au bord de la mer. Malheureusement, Akito, le chef de la grande famille Soma, est arrivé de manière impromptue. Je suis vraiment inquiète pour Yuki, parce que je sais qu'il n'a pas très envie de le voir...

UN PETIT DESSIN POUR REMPLIR LE GRAND VIDE DE CETTE PAGE

DANS CE VOLUME, NOUS SOMMES EN PLEIN ÉTÉ

MOI AUSSI, J'ADORE L'ÉTÉ ...

SAKI ! RIEN QU'EN TE REGARDANT HABILLÉE COMME ÇA, ON A DÉJÀ CHAUD !

fruits basket

Chapitre 60

ENCORE UN PETIT DESSIN POUR REMPLIR UNE PAGE VIDE

UNE GROSSE FLEUR POUR UNE JOLIE PETITE FLEUR...

MÊME...

... EN FAISANT UN ÉNORME EFFORT

... RES- TAIENT INAU- DIBLES POUR MOI

...

TOUS CES MOTS QUE J'ENTEN- DAIS ...

... RU ?

AAAHH
!!

... MON-
SIEUR
HATORI
?!

ÇA
ALORS
!!

TOHRU
?

AH
...

...
QU'EST-CE
QUI T'ARRIVE ?
TU AS MAL À
LA TÊTE
?

AH... C'EST
TRÈS GENTIL
D'AVOIR PRIS LA
PEINE DE VENIR
JUSQU'ICI

MERCI
BEAUCOUP
!

...
QUI M'ONT
EMPÊCHÉ DE
VENIR VOUS
AVOIR AVANT
AUJOURD'HUI

JE SUIS
ARRIVÉ HIER,
AVEC AKITO.
MAIS J'AVAIS
QUELQUES
OBLIGATIONS
...

AH...
NON, PAS DU
TOUT ! CE N'EST
PAS CELA... EN
FAIT, JE SUIS
...

MAIS...
DITES-MOI,
QUE FAITES-VOUS
ICI ? VOUS ÊTES
APPARU SI SOUDAI-
NEMENT
...

15

18

EUH
...

C'EST CENSÉ ÊTRE QUOI, ÇA ?

SAH ...

IL N'EST PAS ENCORE TERMINÉ

C'EST UN CHÂTEAU DE SABLE !

T'ES PEUT-ÊTRE MON AÎNÉE... MAIS CE QUE T'AS FAIT, C'EST COMPLÈTEMENT NUL !

...

ALORS... JE SUIS TON AÎNÉE, EN MATIÈRE DE CONSTRUCTION DE CHÂTEAUX ?!

AH BON ?! TU TROUVES ?

C'EST JUSTE UN GROS TAS DE SABLE ...

UN JOUR, J'AI VU UN CHÂTEAU DE SABLE, À LA TÉLÉ. ÇA AVAIT LA FORME D'UN VÉRITABLE CHÂTEAU !

MAIS, JE NE SAIS PAS DU TOUT COMMENT ON LES FAIT ...

TU N'EN AS JAMAIS FAIT, AVANT ?!

TAN TAN TAN TAN TAN

STING

24

YUKI
...

NON.
ÇA VA

ET TOI ?
...
TOUT VA
BIEN
?

TU DOIS
ÊTRE PLUTÔT
FATIGUÉ
...

HATSU-
HARU

... QUE JE
DONNE TROP
DE SOUCIS À
CERTAINES
PERSONNES

MOI
...

JE
CROIS
...

...
?

TU VAS
QUITTER
TON NID
?

BOUM

MAIS...
JE CROIS
QUE ÇA VA
ALLER
...

...
CETTE
FOIS-CI

26

Chapitre 61

43

ET
POUR-
TANT
...

BON
...
CETTE
FOIS-CI
...

...IL N'Y A
PAS EU DE
CONTACT

?!

OUI!

O.K.
... JE PEUX
PRENDRE
MA DOUCHE,
MAINTENANT
?

JE VAIS
ALLER
RENTRER
LE LINGE

OUAIS
...

MERCI
DE M'AVOIR
LAISSÉE UTILISER
LA SALLE DE BAINS
AVANT TOI

KYÔ
...

VOUS RECONNAIS-SEZ LA PATRONNE DE L'HÔTEL ?

POUR KYÔ, GARDER TOUT LE TEMPS CET OBJET DOIT SÛREMENT ÊTRE ...

... QUELQUE CHOSE DE TRÈS LOURD À SUPPORTER

...

"CE TALISMAN A ÉTÉ CONFECTIONNÉ EN SACRIFIANT DES VIES HUMAINES"

LA VOIX INTÉRIEURE DE KYÔ AUSSI EST TROP BASSE ...

... POUR QUE JE PUISSE L'ENTENDRE

ET POUR-TANT ...

Si jamais cette femme s'approchait de moi, avec cette espèce de pression qu'elle met sur tous les gens qui sont autour d'elle, soit je m'enfuirais en utilisant les dernières forces que je pourrais faire surgir de mon corps, soit, au contraire, toutes mes forces m'abandonne-raient... et pourtant ! J'imagine bien que quand elle parle à son fils Ritsu, elle doit être très tran-quille, contrairement à son attitude habituelle. Mais elle bâcle parfois volontairement son travail et ça, c'est la preuve qu'elle est quelqu'un de très... capable ? Elle crie tout le temps, alors j'ai du mal à faire rentrer tout ce qu'elle dit dans les bulles ! ...Au secours ! Aidez-moi !!

FALLAIT-IL ABSOLUMENT QUE JE LUI POSE LA QUESTION, À CE MOMENT-LÀ ?

51

POUR MOI AUSSI, IL Y A DES CHOSES...

... QUE JE NE VOUDRAIS JAMAIS ABORDER AVEC PERSONNE

...

SCHRAC FRATC SSAH

FLAP

ZUT' AHH !

MÉCHANT DRAP ! REVIENS ICI TOUT DE SUITE !

... NE PARS PAS COMME ÇA !

POUR L'INSTANT, TOUT CE QUE JE PEUX FAIRE POUR EUX...

... CE NE SONT FINALEMENT QUE DES PETITES CHOSES

Chapitre 62

COMMENT REMPLIR
UNE PAGE VIDE

SOUVENIRS D'UN ÉTÉ...

74

VOICI KANA

IL SE PASSE LA MÊME CHOSE...

UNE FOIS DE PLUS...

...TOHRU SE RETROUVE TOUTE SEULE !!

QU'AU JOUR DE L'AN

On m'a réellement posé cette fameuse question : "Que se passera-t-il, quand la neige aura fondu ?" C'était il y a bien longtemps... À ce moment-là, je me suis dit : "La personne qui répondra 'que le printemps viendra' sera sûrement quelqu'un de très cher pour moi... Ou alors, je fondrai en larmes, tellement cela me rendra mélancolique." En fait, moi, j'ai juste répondu : "C'est évident ! La neige se sera transformée en eau !!"

QU'EST-CE QUE VOUS COMPTEZ FAIRE, MAINTENANT ?!

VOUS TOUS ! BANDE DE...

VOUS ÊTES VENUS ICI POUR LA LAISSER TOUTE SEULE ! ...C'EST BIEN ÇA, HEIN ?!

SCHAAH...

POUR KYÔ AUSSI, AKITO EST QUELQU'UN DE TRÈS "PARTICULIER" ...

...

EST-CE QUE KYÔ ...

... EN A PEUR ?

JE CROIS QUE J'AI DIT UNE GROSSE BÊTISE ...

SI KYÔ EST ALLÉ CHEZ M. AKITO, C'EST PARCE QU'IL A EXIGÉ DE LE VOIR

KYÔ ...

... DOIT DÉJÀ ÊTRE ARRIVÉ DANS LE PAVILLON PRIVÉ D'AKITO

EST-CE QU'ILS VONT MANGER ENSEMBLE ?

Chapitre 63

COMMENT REMPLIR UNE PAGE VIDE

J'AI L'IMPRESSION QUE JE NE DESSINE QUE DES FILLES...
AU FAIT, IL S'AGIT DE KAGURA.

VOICI MAYUKO

Je crois qu'elle fait partie d'un style de fille qui n'a pas beaucoup de chance, sentimentalement parlant. C'est peut-être pour cette raison que Shiguré l'a remaquée... Ah, la pauvre ! Elle est très populaire, surtout auprès des filles de son lycée. Elle reçoit parfois de ces petits mots qu'on dit "d'amour", et elle ne sait évidemment pas quoi en faire...
En fait, elle souffre en secret, à cause de sa grande taille. Hatori, lui aussi, est très grand. Le jour où ils seront réellement ensemble, ils formeront très probablement un couple très "en vue", à cause de leur grande taille... Enfin, je l'imagine...

DE QUELLE MANIÈRE ?

JE N'EN SAIS RIEN ...

MAIS ...

... EST-CE QUE TU L'AS LAISSÉE SE RAPPROCHER DE NOUS ?

IL VA PROFITER D'ELLE ET L'UTILISER, D'UNE MANIÈRE OU D'UNE AUTRE !

EST-CE QU'IL COMPTE ...

... PROFITER DE CETTE SITUATION ?

ET
TRÈS
...

MA
TRÈS
PRÉ-
CIEUSE
...

TRÈS
CHÈRE
...

125

... OUAIS ...

MERCI DE M'AC-CUEILLIR

ET JE L'AIME !

JE NE VEUX PLUS PRIVER LES GENS DE QUOI QUE CE SOIT ...

AVANT ...

J'ESPÉRAIS TOUJOURS QU'ELLE PUISSE RESTER AVEC MOI

JE NE VEUX PLUS PIÉTINER QUI QUE CE SOIT ...

PLUS JAMAIS ...

"JE NE PEUX PAS TE LE PROMETTRE"

... PENDANT LE TEMPS QU'IL ME RESTE, POUR QU'ELLE SOIT...

MAIS JE PRIE QUAND MÊME...

...
JE NE L'ESPÈRE PLUS

MAIS
...

...

JE N'ESPÈRE PLUS QU'ELLE SOIT
...

"CE SERAIT TROP CRUEL DE TA PART D'IMPLIQUER CETTE PAUVRE FILLE"

...
AUPRÈS DE MOI

AH
!

...
"À MOI"

JAMAIS PLUS
...

MM
...

DU POISSON !

D'ACCORD !! CE SOIR, JE VAIS ME SUR-PASSER !

ZZIP

AAHHH!

AU FAIT ! DIS-MOI, KYÔ

QU'EST-CE QUE TU VEUX MANGER CE SOIR ?

HÉ HÉ ...

...

TU ES VRAIMENT ÉTOURDIE !

BLONG

BOBOM
BOBOM
BOBOM
BOBOM
BOBOM

TOHRU ...

... GARDE TON ÉNERGIE POUR D'ABORD REGAR-DER OÙ TU MARCHES

AH... OUI... EUH... EXCUSE-MOI ...

J'AI CRU MOU-RIR

Chapitre 64

IL NOUS PROPOSE DE FAIRE UN PETIT FEU D'ARTIFICE DEMAIN SOIR ...

JE N'Y VOIS PAS D'INCONVÉ- NIENT... QU'EN PENSES-TU ?

BAH... C'EST BIENTÔT LA FIN DE NOTRE SÉJOUR ...

... NOUS DEVONS REPARTIR APRÈS- DEMAIN

C'EST UNE BONNE IDÉE. MAIS... POURQUOI DEMAIN SOIR ?

EN FAIT ...

OUI ! ... AH, ZUT !

J'AVAIS COMPLÈTE- MENT OUBLIÉ !

IL S'EST PASSÉ TELLEMENT DE CHOSES, DURANT CES VACANCES ...

... QUE LE TEMPS A DÉFILÉ TROP RAPIDEMENT !

AAHHH

HA HA

TU AVAIS OUBLIÉ ?

QUEL CRI !

133

VOICI MAÎTRE
KAZUMA

JE LE DES-SINE TOU-JOURS TRÈS "JEUNE"...

... ALORS QU'IL A PRESQUE QUARANTE ANS !

Pendant un moment, il a fréquenté une femme, mais il a dû la quitter parce qu'ils ne faisaient que se croiser – dans tous les sens du terme. Pour l'instant, il est trop débordé, car il s'occupe de son "fils". Il en est d'ailleurs très content. Même s'ils n'ont pas de vrais liens de parenté, maître Kazuma est fait pour être le père de Kyô. C'était, en quelque sorte... prédestiné. Je pense que l'amour paternel qu'il peut ressentir pour Kyô peut parfaitement rivaliser avec l'amour maternel que la maman de Tohru avait pour sa fille. En revanche, il est assez maladroit pour bon nombre de choses de la vie quotidienne. Et en plus, il n'arrive même pas à apprécier la bonne cuisine !

FROTTE
FROTTE

...

FJJZZ
FJJZZ

AU FAIT...
TU N'AS PAS DIT
TOUT À L'HEURE QUE TU
VOULAIS REGARDER UNE
ÉMISSION DE TÉLÉVISION
QUI ALLAIT BIENTÔT
COMMENCER
?!

NON...
LAISSE
TOMBER
!

MM
?

AH
!

TAN

EH,
MOMIJI
!

...KYÔ
!

HEIN
?!

YO

MOMIJI...
J'SUIS PAS
UN GANG-
STER, MOI
!!

TOHRU, J'AI
EU TRÈS TRÈS
PEUR ! KYÔ
ÉTAIT EN TRAIN
D'ESSAYER DE
ME BRAQUER
!!

EST-CE QUE VOUS L'APPRÉCIEZ AU POINT DE NE PAS VOULOIR LE PARTAGER AVEC QUI QUE CE SOIT D'AUTRE ?!

JE VOUDRAIS ARRIVER À CHANGER CERTAINES CHOSES

NON ...

FINALE-MENT ...

EN FAIT, IL AVAIT L'AIR UN PEU TRISTE CES DERNIERS JOURS

JE VOULAIS JUSTE LUI OFFRIR UN PEU DE REPOS

... JE ME POSE ENCORE ET TOU-JOURS LA MÊME QUESTION

...

POURQUOI ÊTES-VOUS VENU AVEC KURÉNO ?

IL ACCUMULE TROP DE STRESS, JE SUPPOSE

... DU STRESS ?

148

154

COMMENT REMPLIR
UNE PAGE VIDE

C'EST UNE ESQUISSE DE LA DOUBLE PAGE DU DÉBUT DU CHAPITRE 65

Chapitre 65

RENTREZ, OU VOUS ALLEZ ATTRAPER FROID

SPOF

SES LARMES ...

MOMIJI A ÉTÉ TRÈS COURAGEUX ...

COMPARÉS À ÇA, LES AUTRES JEUNES SONT ...

TU POURRAIS MÊME DIRE "LES ADULTES SONT" ...

... SONT VRAIMENT TRÈS BELLES

TU NE CROIS PAS ?

DITES, POURQUOI VOUS AVEZ, AU MÊME ENDROIT, UN GROS PANSEMENT SUR LE VISAGE ?

AH... ÇA ! EH BIEN ...

EN FAIT, JE ME PROMENAIS, HIER SOIR, ET JE SUIS TOMBÉE UN PEU MALADROITEMENT

N'EST-CE PAS, MOMIJI ?

OUI, EXACTEMENT ...

NOUS NOUS RESSEMBLONS BEAUCOUP, TOHRU ET MOI !

OUI, C'EST VRAI ...

...

... VOUS ÊTES PRÊTS ?!

FAITES-MOI CONFIANCE ! J'AI DÉJÀ DÉCIDÉ DE TOUT CE QUE NOUS ALLIONS FAIRE !

VOUS VOULEZ COMMENCER PAR QUOI ?

EH !

ALORS
...

SI LA
"MALÉDICTION"
LES EMPÊCHE
DE RÉALISER
CE SOUHAIT

JE VAIS
TOUT
FAIRE
...

...
POUR
DÉTRUIRE CETTE
MALÉDICTION !

EN
VÉRITÉ
...

...
AU FOND
DE LEUR
CŒUR
...

...
ILS ASPIRENT
TOUS À UN AVENIR
REMPLI DE LIBERTÉ

HEIN ?!

SI TU VEUX ...

QU'EST-CE QUE TU ME FAIS, LÀ ?!

EUH ... KYÔ ...

... JE PEUX TE CÉDER MA PLACE, ESPÈCE DE ...

... CHAT STUPIDE !

GRRRA

J'AI PAS BESOIN QUE TU ME CÈDES TA PLACE ! ... JE SUIS TOUT À FAIT CAPABLE DE ME TROUVER UNE PLACE TOUT SEUL !

SBOM

PLUS TÊTU, TU MEURS... IL EST INCORRIGIBLE

JE
VEUX LES
PROTÉGER
!

JE VEUX
LES AIDER À SUIVRE
LES CHEMINS QU'ILS
ONT CHOISIS
...

...
ET JE
LE FERAI
...

DE
TOUTES MES
FORCES
!

Quelques Clés de Compréhension

❀ Le bernard-l'hermite (p.42)

C'est un petit crustacé que les japonais connaissent très bien. On les trouve souvent au bord de la mer et au bord de certaines rivières, et les enfants japonais les observent avec une grande curiosité. La chasse aux bernard-l'hermite était, il y a encore peu de temps, un des passe-temps favoris des petits japonais en vacances. À l'école, on apprend, dans les cours de sciences naturelles, leurs différents modes de vie ; on les "élève" parfois même dans les classes et à la maison.

❀ Rinne (p.55)

Rinne [rin'] est une autre prononciation du "kanji" (caractère chinois) "suzu", le dernier caractère qui compose le nom "isuzu". dans la langue japonaise, pour chaque "kanji", il y a deux sortes de prononciations : "on-yomi", la transcription phonétique (japonisée, bien sûr) de la prononciation chinoise ; et "kun-yomi", la phonétique purement japonaise. Dans chacune de ces deux catégories, on trouve souvent encore plusieurs prononciations différentes, qui sont déterminées par l'utilisation et le sens que l'on veut donner au "kanji".

CHEZ

LE MÊME

ÉDITEUR

MON PETIT COPAIN EST PLUS MIGNONNE QUE MOI !

Lily la menteuse

Ayumi Komura

Par l'auteure de J'aime les sushis

Tome 11
disponible en librairie !

DELCOURT
manga

Hinata, 15 ans, reçoit sa première déclaration d'amour. Ravie d'avoir enfin un petit ami, elle déchante quand elle découvre que celui-ci a une fâcheuse tendance à… se travestir en fille ! Pire : le résultat est très réussi, au point de déclencher un succès fou auprès des garçons. Hinata saura-t-elle gérer l'envahissante popularité de son amoureux ? Surtout, comment pourra-t-elle filer le parfait amour ? Plus qu'une simple comédie romantique, *Lily la menteuse* est une véritable sitcom comique dont les personnages attachants ont l'humour communicatif. Les aventures et déboires de la pauvre Hinata n'ont pas fini de vous faire rire !

Lily la menteuse de Ayumi Komura
Série en cours ; 224 pages n&b.

Étudiante en lycée hôtelier, Hanayu n'a qu'un seul rêve : devenir maître sushi !
Pas évident pour l'héritière pressentie de la pâtisserie familiale. Mais la jeune
apprentie est prête à tout pour y arriver, même à séduire et à épouser le fils d'un
célèbre maître sushi, le gentil Hayato, un garçon de sa classe. Ce qu'elle ne sait
pas, c'est qu'il aspire à devenir... pâtissier ?! Sushis, pâtisseries et méli-mélo de
sentiments sont au menu de ce *shôjo* aussi pétillant que savoureux!

J'aime les sushis de Ayumi Komura
Série complète en 8 volumes ; 192 à 224 pages n&b.

PUZZLE

Imaginez une jeune fille se sentant coupable de la mort d'un de ses amis, et un garçon qui n'arrive pas à oublier ce terrible accident survenu quand il n'était qu'un enfant. Ils ne se connaissent pas encore, mais pourtant... À travers le regard de leur entourage, et à différentes époques de leurs vies, découvrez dans ce *shôjo* manga construit comme un véritable puzzle, les destins entremêlés de ces jeunes en quête d'identité.

Puzzle de **Ryô Ikuemi**
Série complète en 13 volumes ; 192 pages n&b.

Orphelin et adolescent solitaire, Natsume voit des *yôkai* (êtres surnaturels japonais) depuis son enfance. Son existence n'avait rien d'ordinaire et se complique encore lorsqu'il hérite d'un carnet qui lui permet non seulement de commander aux *yôkai* mais lui donne aussi droit de vie ou de mort sur eux ! De quoi susciter bien des convoitises : Natsume est désormais traqué sans relâche par ces créatures… Conscient du danger, il décide de libérer les *yôkai* de ce pacte qui les soumet… Pour cela, il sera aidé d'un bien étrange garde du corps en forme de *maneki-neko*… Êtes-vous prêt à pactiser avec ce manga, au risque de ne plus pouvoir vous en défaire ?

Le Pacte des yôkai de Yuri Midorikawa
Série en cours ; 192 à 224 pages n&b.

OTOMEN

Asuka est l'incarnation même de la virilité. Invincible au kendo, il fait craquer les filles et inspire le respect à ses camarades masculins. Cependant, Asuka cache un terrible secret : c'est un *otomen* ! C'est-à-dire que, malgré son apparence, il a un goût très prononcé pour tout ce qui est mignon ! Il lit avec assiduité le *shôjo Love Tic* et est particulièrement doué en couture et en cuisine raffinée. Mais lorsqu'il tombe amoureux d'une nouvelle élève, son cœur s'emballe et...

Voici la vie amoureuse délirante d'un garçon au féminin et un *shôjo* qui bouscule les clichés sur le partage des rôles homme/femme !

Otomen de Aya Kanno
Série en cours ; 192 à 224 pages n&b.

Un style résolument branché, des personnages hauts en couleur, un parfait dosage de sentiments et d'humour : *Lovely Complex*, un *shôjo* incontournable ! Risa, une grande perche, et Atsushi, haut comme trois pommes, sont les comiques involontaires du lycée à cause de leurs disputes légendaires. Tous deux complexés par leur taille, ils ont peur de ne jamais trouver l'amour... Forcément, ils en font des tonnes pour faire oublier leur mal-être ! Les petits complexes font les grandes histoires : voilà le point de départ de ce récit signé Aya Nakahara !

Lovely Complex de Aya Nakahara
Série complète en 17 volumes ; 192 à 224 pages n&b.

SHIBUYA LOVE HOTEL

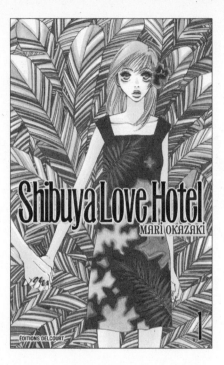

Au cœur de Shibuya, célèbre arrondissement de Tokyo bouillonnant de vie, se trouve le quartier de Maruyama-cho où s'alignent sans complexe les *love hotel*, ces établissements spécialement conçus pour accueillir les couples d'amoureux.
Quatre jeunes filles vont venir se perdre à Shibuya, les unes espérant rencontrer l'amour, les autres panser leurs blessures… À travers le prisme de sentiments amoureux, Mari Okazaki porte sur le Japon contemporain un regard juste et original, et dépeint sa jeunesse, tiraillée entre idéal et réalité, avec élégance et tendresse.

Shibuya Love Hotel de Mari Okazaki
Série en cours ; 224 pages n&b.

Le jour où les parents de Madoka gagnent une somme colossale à la loterie, ils s'en vont reprendre leurs études pour devenir médecin. Lycéenne, Madoka doit emménager chez Mme Asagi, une femme froide et distante qui l'installe dans la remise du jardin. Pour ne rien arranger ; le fils Asagi, encore au collège, tombe amoureux d'elle et lui rend visite en secret. Entre les études, la découverte de l'amour et un besoin irrépressible d'indépendance, Madoka va devoir trouver un nouvel équilibre, entourée d'adolescents qui, comme elle, apprennent à se débrouiller sans leurs parents...
Un *shôjo* moderne et pertinent, non dénué d'humour !

Lollipop de **Ricaco Iketani**
Série complète en 7 volumes ; 192 à 224 pages n&b.

Faire échouer le mariage du chéri de sa sœur ? Trop facile !
Réparer les pots cassés ?... Pas si simple !

Aya Nakahara

COURAGE
Nako !

La nouvelle série de l'auteur de *Lovely Complex*.
Troisième et dernier volume déjà en librairie.

DELCOURT
m a n g a

Nako Yoshino, élève de seconde extravertie, interrompt le mariage arrangé de Haruki Hayami afin que sa sœur et lui puissent vivre leur amour. Mais Nako était loin de se douter que ce mariage engageait des intérêts financiers et qu'elle allait provoquer la faillite de la famille Hayami. Pour arranger les choses, les parents de Nako acceptent alors d'héberger le petit frère rebelle de Haruki, Konatsu. Seul problème : Konatsu et Nako ne se supportent pas!
Quand un fils de bonne famille doit apprendre à vivre avec une smala envahissante, la cohabitation s'annonce pour le moins houleuse!

Courage Nako ! d'Aya Nakahara
Série complète en 3 volumes ; 192 pages n&b.

Nana. Un même prénom pour deux jeunes femmes aux caractères si différents, qui partagent un appartement à Tokyo. L'une, Nana Komatsu, rêveuse, un rien capricieuse, a un cœur d'artichaut. L'autre, Nana Ôsaki, déterminée, mystérieuse, parfois glaçante, est chanteuse d'un groupe rock. La vie en colocation amènera une amitié quasi-fusionnelle entre ces deux Nana, lancées sur la voie de leurs rêves. Le bonheur est-il au bout ? Un chef-d'œuvre et une série culte dans le monde entier qui saisit avec justesse les désirs et les difficultés de toute une génération, au seuil du passage à l'âge adulte...

Nana de Ai Yazawa
Série en cours ; 192 à 288 pages n&b et couleur.
3 coffrets disponibles.

Mikako et Tsutomu sont amis d'enfance, habitent le même immeuble et fréquentent le même lycée d'art : l'Académie Yazawa, dédiée aux artistes en herbe ! Mikako rêve d'ouvrir sa propre chaîne de boutiques de vêtements. Quand, un soir, Tsutomu rentre chez lui accompagné par une fille, le cœur de Mikako vacille... Quel est ce sentiment qui l'étreint ? Malgré les sous-entendus de sa copine Risa, Mikako ne comprend pas... Voici une chronique moderne, touchante et drôle par l'auteure de *Nana*, décrivant les relations troublantes qui existent parfois entre adolescents, quand amour et amitié se confondent.

Gokinjo, une vie de quartier de Ai Yazawa
Série complète en 7 volumes ; 192 à 224 pages n&b.

**DES PAGES COULEURS,
DES INTERVIEWS ET
DES INFORMATIONS
INÉDITES
SUR LA SÉRIE
PRÉFÉRÉE
DES FILLES.**

NANA mobile book

DISPONIBLE EN LIBRAIRIE

Fruits Basket by Natsuki Takaya
© Natsuki Takaya 2002
All rights reserved.
First published in Japan in 2003 by Hakusensha Inc., Tokyo
French language translation rights in France arranged with Hakusensha, Inc., Tokyo
through Tohan Corporation, Tokyo
Supervision éditoriale : Akata

© 2004 Guy Delcourt Productions pour la présente édition.
Dépôt légal : septembre 2004. I.S.B.N. : 978-2-84789-467-7

Traduction : Victoria-Tom
Adaptation : Alexandre Tisserand
Lettrage : Éliette Blatché
Conception graphique : Trait pour Trait

Imprimé et relié en septembre 2014
par Aubin, à Ligugé.

www.editions-delcourt.fr